ABUNDANCIA

Mis Aprendizajes Más Elevados Para Vivir En Abundancia

Uinic T. Cervantes

Lo Mejor De Los *Whatsappazos Millonarios* Vol. 2

Título: ABUNDANCIA

Subtítulo: Mis aprendizajes más elevados para vivir en abundancia

Colección: Lo mejor de los *Whatsappazos Millonarios*

Volumen: Dos

DEDICATORIA

A mi maestra, mi compañera de vida, mi complemento ideal, la única, mi esposa:

Imelda Valencia

AGRADECIMIENTOS

A todos los maestros, ascendidos y encarnados,
por verter su luz en el mundo:

**Gracias por permitirme ser un medio para
seguir transmitiendo esa luz.**

NOTA DEL AUTOR

En abril de 2015 inicié con el envío de audios diarios de manera gratuita a una lista de difusión en *WhatsApp* que denominé *El Whatsappazo Millonario*. Mismo que hasta la fecha sigo y seguiré haciendo mientras tenga quien me quiera escuchar.

La intención de enviar estos *Whatsappazos Millonarios* es y siempre ha sido compartir mi filosofía, experiencia y opiniones sobre temas referentes a la generación de riqueza y abundancia sin afán de imponerlas como la única verdad sino con el fin de enriquecer la vida, sobretodo, de quien los recibe.

En general hablo acerca de mentalidad de abundancia, mentalidad empresarial, libertad financiera, retiro millonario, finanzas personales, liderazgo, negocios, marketing y ventas, administración del tiempo, cómo salir de deudas, cómo llevar una vida más simple, abundante y feliz... entre otras tantas cosas.

Al momento de escribir este libro se han enviado varias decenas de audios de los cuales pretendo seleccionar los mejores, agruparlos y editarlos de tal manera que pueda extraer la esencia pura de lo que comparto día con día para convertirla en libros, de fácil comprensión y lectura, pero de profunda enseñanza.

Dicho esto, entiendo y acepto la responsabilidad que tengo al compartir estas enseñanzas contigo. Por ello es de gran importancia para mí seleccionar, cambiar o eliminar algunas palabras de los audios al momento de su transcripción porque son tan poderosas que pueden crear o destruir tu realidad y la mía. Ten pues plena confianza, querido lector y querida lectora, de que lo que encontrarás en esta colección de **Lo Mejor De Los *Whatsappazos Millonarios* de Uinic Cervantes** será conscientemente seleccionado para ayudarte a crear una realidad de riqueza y abundancia en tu vida.

Con cariño, el autor, **Uinic Cervantes**

ÍNDICE

PRÓLOGO

Hay muchas personas que diariamente buscan la libertad financiera emprendiendo, prestando algún servicio profesional, a través de sus pequeños negocios, haciendo redes de mercadeo o en distintas actividades productivas.

Todos ellos tienen el mérito de buscar algo mejor para sí mismos y sus familias. El problema al que se enfrentan, en gran parte de los casos, es que no tiene relación directa con un honesto deseo de trascender o de ayudar a otras personas una vez que logren la libertad financiera.

Tampoco tiene que ver con los valores que guían su camino hacia ese sueño que diariamente acarician, e incluso con su estilo personal de desempeñar su trabajo.

La mayoría de los problemas que enfrentan estas personas tienen una relación directa con un profundo "desconocimiento" de los mejores medios para lograr su gran sueño. Es decir, de las estrategias, métodos, tácticas y planes que harán su sueño realidad.

Por eso, si eres alguien que desea construir un estilo de vida de libertad y abundancia, debes de leer este libro.

¿Por qué lo digo?

Porque conozco bien al autor y sé, de primera mano, que su historia personal es un reflejo de esa búsqueda constante por encontrar los medios que le permitan a los emprendedores y profesionales alcanzar sus sueños de mayor libertad y abundancia para sus familias.

Uinic Cervantes te comparte en este valioso libro un método sencillo de comprender y de accionar, que si lo sigues al pie de la letra, con disciplina y pasión, te llevará de la mano directo hacia tus sueños.

Regálate la oportunidad de llegar más rápido a tu destino, usando este libro como tu mejor guía.

Mario Corona

Líder Hispano en *Branding* Personal

Autor *Best seller*, *Speaker* y Mentor.

INTRODUCCIÓN

Hace no mucho tiempo me encontraba viviendo estresado y preocupado por no tener lo suficiente para pagar mis cuentas y mi estilo de vida de clase media. Me preguntaba constantemente *"¿cómo es posible que haya estudiado mucho sobre riqueza y aún no la tenga?"*.

Había invertido cerca de cien mil de dólares en mi educación financiera y de negocios, dedicaba muchas noches y fines de semana a intentar "descubrir" la *fórmula mágica* para atraer la riqueza y abundancia a mi vida pero, simplemente, NO LLEGABA.

Emprendí cualquier cantidad de negocios, proyectos e inversiones, casi todos con los mismos resultados: crecía, ganaba dinero y, después de un periodo de tiempo más o menos corto, me encontraba como al principio o peor.

En mi mente se fue creando la idea de que faltaba algo, un eslabón perdido, y esa idea me hizo buscar y atraer respuestas... **¡hasta que sucedió!** Me di cuenta que estaba viviendo en total incongruencia, que buscaba soluciones afuera a problemas internos, buscaba riqueza externa sin valorar, honrar y agradecer la riqueza que ya poseía.

Comencé entonces a entender los conceptos de riqueza y abundancia desde un sentido más elevado que el mero placer por el dinero, los lujos y las posesiones. Fue hasta entonces que comprendí lo que debía hacer y, sobretodo, en quien debía convertirme para alcanzar mi meta.

A través de este tiempo he ido descubriendo y probando todas aquellas "pistas" que las personas realmente prósperas han ido dejando en su camino... y mi labor en este libro es compartirlas de manera simple y entendible para que las apliques a tu vida y puedas vivir en abundancia y éxito total desde hoy y para siempre.

Así pues disfruta de este segundo libro de la serie: *LO MEJOR DE LOS WHATSAPPAZOS MILLONARIOS* de *Uinic Cervantes* espero que te sirva y, sobretodo, transforme tu vida como lo hizo con la mía.

Aquí encontrarás varias de las "fórmulas mágicas" o más bien LEYES UNIVERSALES que nos rigen en el mundo y que, si las entiendes y aplicas a tu vida, tendrás cambios radicales y vivirás en abundancia y éxito total para siempre.

Quiero aclarar que este libro es apenas una introducción a dichos temas y que si quieres profundizar en ellos busques más información por tu cuenta o te integres a mi **Club De Abundancia**, aquí es donde analizamos cada tema a detalle y como aplicarlo a tu vida (para saber más ve a www.UinicCervantes.com/Club-De-Abundancia).

Sin más, solo me resta decirte que si no te llegan aún mis audios diarios a tu *WhatsApp* entra a este enlace y SUSCRÍBETE YA para que no te los vuelvas a perder: http://bit.ly/ListaWhatsapp.

¡ATENCIÓN: PIDE TU REGALO!

Lee el índice, busca 3 o 4 títulos interesantes, ve a leerlos y cuanto antes regresa a **Amazon** a dejarme tu reseña y un comentario sobre alguno de los capítulos de este libro para que otros puedan saber en qué les va a ayudar leerlo.

Al hacerlo toma una foto y mándala al teléfono del **Whatsappazo Millonario de Uinic Cervantes** para darte un **regalo especial** sólo por haberlo leído ;-)

Si estás leyendo la versión impresa mándame un WhatsApp o *inbox* diciéndome lo que más te gustó de este libro y tendrás también tu **regalo especial**.

Así pues, sin más preámbulo, te dejo con el libro... que lo disfrutes :-)

SINTONÍZATE

Imagina tu vida, si aún no lo haces, como si estuvieras recibiendo señales de radio. Te acuerdas cómo eran antes los aparatos de radio, cuando querías escuchar cierta estación, tenías que girar la perilla para llegar a cierta estación. Así de sensible es tu vida a las frecuencias y vibraciones, tu vida se rige por vibraciones así como toda tu existencia.

Si tú estás atrayendo cierto tipo de situaciones, personas, negocios... es porque estás sintonizado en esa misma vibración. Ponte a pensar en el pasado, cuando estabas estudiando, tus amigos eran muy diferentes a los de ahora, a tus amigos de antes tal vez no les gusta emprender y buscar su libertad financiera como a ti, no están buscando ser millonarios con los mismos medios que tu, no buscan capacitarse, y eso está bien para ellos porque ellos están en una frecuencia diferente a la tuya, y tú has seguido avanzando y las demás personas no, eso no quiere decir que ya llegaste a dónde quieres llegar, porque existen *N* estaciones de radio todavía más adelante en tu vida.

Volvamos al ejemplo del viejo radio, ¿te acuerdas cuando habías sintonizado ya una estación al fin y acercabas un teléfono o movías la antena?, ¿cómo se escuchaban las interferencias?, y lo que hacías era alejar ese aparato o tratar de acomodar la antena para "agarrar" la señal... Pues es lo mismo que vas a hacer en tu vida, mover tu antena hasta "agarrar" la señal de la abundancia.

Algo quede va a funcionar es estar lo suficientemente cerca de las personas que están en la estación a la que tú quieres llegar para que puedas *SINTONIZARTE* junto con ellas y acercarte a esa frecuencia en la que están esas personas a las que te quieres parecer.

Utiliza el poder de la sintonía, acércate a las personas a las que te quieres parecer, haz lo que ellos hacen, siéntate como ellos, habla como ellos y te vas a parecer en sus resultados también.

Tú puedes llegar a generar eso que quieres en tu vida y *sintonizarte* con esas personas que ya están en esas frecuencias más altas, sólo es cuestión de que sigas estudiando.

CÓMO ATRAER ABUNDANCIA A TU VIDA

PASO 1: ALÉJATE DE TODA SITUACIÓN QUE VAYA EN CONTRA DE LA ABUNDANCIA

Es decir, **aleja de ti todas las cosas que te generen un estado de carencia en todos los niveles de tu vida**, si por ejemplo tienes una relación amorosa y esa persona que está contigo es una persona que está pensando en escasez, que piensa diferente a ti y solamente te quiere contradecir, solamente te quiere hacer sentir mal; si esa persona que está a tu lado piensa que todos están en su contra y te quiere poner en contra también del mundo, esa es una relación de carencia; una relación que no te va a llevar a generar abundancia en tu vida, ni a generar más amor de pareja en tu vida.

Así como esas situaciones debes de ser inteligente al elegir las relaciones que vas a tener, debes ser muy cuidadoso o cuidadosa en las relaciones que vas a tener, aléjate de relaciones tóxicas, aléjate de situaciones que te pongan en cualquier carencia. **Deja de ir a lugares donde van personas con mentalidad de escasez**, donde pelean por estar primero en la fila o servirse primero del buffet.

Me tocó en una ocasión estar en una fiesta familiar en donde toda la familia anfitriona se acercaba al lugar a donde estaba la comida y se peleaban por agarrar comida antes de que "se acabara". Ojo, fíjate el estado de carencia: son familia y se estaban peleando por comida, estas son situaciones que a ti te transmiten esa emoción de carencia, ese sentimiento de carencia, ese pensamiento de carencia.

Acuérdate de los cuatro niveles de creación: **Pensamiento, sentimiento, palabra y acción. Si alguno de esos niveles está en carencia, olvídate de la abundancia.**

Si estás pensando en lo que no tienes o sintiendo que hay escasez en tu vida, nunca atraerás la abundancia a tu vida; si hablas con palabras de escasez o si al accionar tus actos son de escasez, no habrá abundancia en tu vida... todos los niveles deben estar alineados para que haya abundancia, con uno que no lo esté, atraerás la carencia.

Entonces eso es lo que tienes que hacer primero, **alejarte de la carencia y de situaciones, personas o cualquier cosa que te ponga en estado de carencia.**

PASO 2: CREA SITUACIONES DE ABUNDANCIA EN TU VIDA

Bueno, el segundo paso es simplemente crear situaciones de abundancia en tu vida, ¿cómo puedes hacer esto?

Hay simples técnicas que yo manejo, como por ejemplo:

1. Tener siempre dinero en tu cartera, sobretodo montos altos, algo a lo que no estés acostumbrado a manejar cotidianamente aún, que incluso no los necesites para tu día a día, pero acostúmbrate a tener dinero.
2. Otra cosa que puedes hacer para acostumbrarte a tener dinero es esconder dinero en tus bolsillos, en prendas que utilices poco o en alguna chamarra, saco, pantalón y cuando te lo pongas, vas a ver el estado de abundancia que vas a generar en tu vida. Cuando te lo pongas y encuentres ese billete, vas a ver el estado de abundancia en el que te vas a poner de inmediato.
3. Y una de mis favoritas es invitar a comer a un millonario. Invita a personas que sean abundantes, ricas en su forma de pensar, en su vida, en sus actos, en sus palabras, en todos los sentidos. Invita a personas así a comer, a convivir, a conocerlas, a platicar y verás todo lo que puedes crecer simplemente por estar con ellos.

Entonces, lo que tienes que hacer es seguir creando situaciones de abundancia. Ve a comer con un millonario, acostúmbrate a traer mucho dinero, etc. Si estás en una colonia donde las personas que viven ahí, no son abundantes, se la pasan peleando, se la pasan viviendo en carencia, entonces aléjate de ahí y ve a vivir a un lugar donde si haya personas con éstas emociones, con estos pensamientos, con diálogos de abundancia.

Si haces esto, tu mente se va a acostumbrar a llevarte a la situación de abundancia porque la **mente humana está entrenada para llevarte a lo que es mejor para ti según tus programaciones, y si tu programación es de abundancia, entonces tu mente te va a llevar hacia la abundancia.**

TODO TIENE CONSECUENCIAS

Todo lo que tú hagas, absolutamente todo, tiene consecuencias. Si tú, lo que haces, lo haces en vibración de carencia, tu consecuencia será la carencia. Si lo que haces, lo haces en vibración con las leyes de la abundancia, vas a generar como consecuencia, abundancia para tu vida.

Ahora te quiero poner un ejemplo muy claro. Imagina que estás con un amigo, o una amiga y te dice: *"Oye, es que sabes que, me detuvo un oficial (de policía/tránsito) y me quería infraccionar pero como yo tenía mucha prisa, le dije mira, ten ($) para un refresco y déjame ir por favor, que tengo prisa"*

Como obviamente sabemos, en muchos países o ciudades, esto es algo muy común, muy normal, pero no por normal significa que sea correcto o que te vaya a generar un bien mayor.

Entonces, ¿qué es lo que pasa?, que por seguir la conversación y no entrar en discusiones, le dices: *"Uy pues qué bueno que llegaste a tiempo, afortunadamente con un billete se arregla todo, ¿no?"*

Esto lo haces inconscientemente por no desagradar, por no entrar en tema de discusión, no importa si a ti te pareció correcto o no, a veces simplemente lo evitamos.

Déjame decirte que esto va en contra completamente de la abundancia. **Todo lo que haces, genera consecuencias, lo que no haces también y lo que no dices también.** Si tu no le dices a esa persona, *"oye, sabes que, lo que tú hiciste está incorrecto. No lo vuelvas a hacer porque te va a generar más carencia."*

Si tu no haces esa reflexión, si tu no hablas, a ti mismo se te va a regresar ese estado de carencia, y vas a seguirle dando vueltas al estado de carencia, y es más difícil, **es imposible que llegue abundancia a tu vida cuando estás vibrando en la energía de carencia.** Espero que esto que te estoy diciendo, mueva fibras sensibles en tu vida, porque **si no entiendes que mientras más carencia estés generando, más carencia estés promoviendo en tu vida y en la vida de los que**

te rodean, más carencia se va a seguir generando en el mundo entero. Por eso, la humanidad no progresa, por eso los países subdesarrollados no progresan, porque se sigue fomentando éste estado de carencia

Aléjate ya de esas situaciones de carencia, **alza la voz cuando veas que alguien está obrando de una manera incorrecta** porque está obrando y vibrando en carencia, simplemente muévete hacia la abundancia porque eso también se contagia, y para que eso lo puedas hacer más extensible a más personas. Vibra en abundancia y las demás personas también comenzarán por vibrar en abundancia.

LA MANERA CORRECTA DE AYUDAR

Tú ya sabes **dentro de tu proceso de riqueza y de libertad financiera, la caridad o la contribución es muy importante**, pero a veces tenemos confusión en cómo es que debemos hacer éste proceso de una manera adecuada, así que hablemos de esto... ¿cuál es la forma correcta de ayudar a alguien?

Te quiero poner un ejemplo. Es el caso de un amigo; tuve una plática recientemente con un muy buen amigo y me dijo que hace poco fue a un país donde hay muy bajos recursos, mucha pobreza, y para la gente que vive ahí les resulta difícil tener un buen estilo de vida. Entonces, éste amigo me manifestaba su desesperación por querer ayudar, él es una persona de muy buen corazón y genuinamente los quería ayudar. Me comentó que una de las familias que conoció allá, aparte de su trabajo normal se dedicaban a comprar y vender cosas, ¿como hacían éste proceso?, alguien les mandaba cosas desde otros países, que allá estaban a muy bajo costo y en su propio país, por ser complicada la situación general de vida, pues se vendía en muy alto costo. Cosas tan simples como ropa interior, pasta de dientes u otras cosas personales, allá podían adquirirse a un costo más elevado del que se pueden conseguir normalmente en cualquier otro país. Entonces, él me manifestó sus ganas de ayudarlos, y les empezó a mandar cosas para que las pudieran vender.

Con ésta historia quiero que te quede muy clara la diferencia. Trabajando con las leyes de abundancia, lo que hizo mi amigo, va en contra de estas leyes. Porque la manera en cómo están operando éstas personas de ese país, es que compran y venden cosas, pero no lo hacen de manera legal, digo, es algo muy natural, pero ahí en su país, no es legal, está prohibido hacerlo.

Independientemente de si en tu país es permitido o no, si tus ideologías te dicen que sea válido o no, se está incurriendo en una falta y ésta falta ya en automático, al tú saber que algo de lo que estás haciendo es incorrecto, ilegal o inmoral, en automático te va a generar carencia. Entonces, si tú ayudas a alguien de una manera genuina, de una manera realmente desprendida y bondadosa, lo que la otra persona haga, también te afecta a ti. Tu puedes decir *"yo trabajo honradamente y trato de ayudar a las personas en necesidad, pero es problema de esas personas lo que hagan con lo que yo les doy"*. Pues esto no es verdad eso, no es real que lo que la otra persona haga ya es *su problema* porque acuérdate que estamos todos conectados y si tú haces algo bien de manera genuina, bondadosa, noble, pero la otra persona eso lo toma y lo convierte en algo que daña a alguien, que va contra las reglas, o contra la ley de abundancia, en automático esto se te regresa a ti, y además eso tú se lo regresas a la persona que a ti te hizo llegar eso en primer lugar. Sea lo que sea; algún servicio, algún bien o dinero en sí. Esa vibración de carencia se regresa y se genera una cadena interminable de pobreza.

Entonces, **¿cuál es la manera correcta de ayudar a alguien? muy simple. Ayúdalos acorde a las leyes de la abundancia. No regales dinero nada más porque sí,** hay ocasiones contadas en las que lo puedes hacer, pero **si vas a dar dinero para ayudar a alguien, asegúrate que ese alguien haga algo a cambio de ese dinero,** o bien, que haga algo bueno, porque si no, la ley de la reciprocidad no se activará, no se cerrará el círculo, quedará abierto y por ahí hay fuga de abundancia.

Ese es un punto importante si quieres ayudar a alguien; y asegúrate también que el destino de ese dinero tuyo en las manos de otra personas, será un destino noble y bueno, un destino constructivo y no destructivo porque te afectará a ti también.

También, si quieres ayudar a alguien de una manera en que le vas a dar un empleo, en que lo vas a recomendar con alguien para un empleo, **asegúrate de que lo que estás fomentando, se encuentre en las normas de lo ético, lo moral y lo legal, si no, sigues fomentando carencia para ti, para la persona a quien recomiendas y las personas que trabajan contigo.**

JUSTO CON LOS DEMÁS, JUSTO CONMIGO

Quiero compartirte una frase que mi coach de abundancia me comparte, y esta frase que me ha quedado muy grabada y ojalá que te sirva:

JUSTO CON LOS DEMÁS, JUSTO CONMIGO

Si tú por ejemplo, ves alguna injusticia muy probablemente quieras hacer algo al respecto, si es con los más allegados a ti, seguramente harás algo al respecto y si es con tus seres más queridos, definitivamente harás algo al respecto. Qué pasa si, por ejemplo, ese alguien cercano a ti es algún trabajador tuyo o algún compañero de trabajo; si tu detectas alguna injusticia del tipo que no les pagan lo suficiente, les descuentan días injustificadamente, o que los despiden sin razón alguna, ahí seguramente vas a hacer algo al respecto, les vas a decir reclama, y demándalos, etc. Si tu eres el empleador, a lo mejor vas a querer hacer el más bien posible a la persona en cuestión, a lo mejor llega tarde y dices, lo justifico de tal forma, o falta algún día y mejor se lo tomas a cuenta de vacaciones. Entonces tú mismo te estás vendiendo la idea de que eres justo.

Qué pasa cuando es del otro lado, cuando tú estás recibiendo la injusticia, por ejemplo, alguien que no te paga a tiempo, que te queda a deber, así como tú te castigas cuando no pagas tus deudas a tiempo, o tus cuentas a tiempo, internamente te castigas, te reprochas y te sientes mal, en algunas ocasiones tal vez, por no pagar a tiempo y quedar mal en tus compromisos. ¿Qué pasa cuando alguien más es así contigo? Tú estás recibiendo una injusticia, estás siendo víctima de una injusticia, y te resulta más complicado atender esas injusticias que cuando se trata de terceras personas, ponte a pensar bien en lo que te digo y dime si tengo un poco de razón, que a veces eres más justo con los demás que contigo mismo. ¿Tengo razón?

Una de las leyes de la abundancia es JUSTO CON LOS DEMÁS, JUSTO CONMIGO.

No te olvides de este principio si estás viendo una situación en la que no estás siendo justo contigo y estás permitiendo algún tipo de abuso, ya sea que te queden mal en fechas o que te queden mal en pagos o que te quede mal alguien por alguna situación, y tú no dices nada, eso no es ser justo contigo mismo. Debes hacerte escuchar y valorarte para que otros te valoren.

LEYES HUMANAS VS LEYES UNIVERSALES

Han sido muy frecuentes los comentarios que he recibido donde me dicen *"Oye Uinic, quisiera aprender un poco más sobre ventas. Quisiera saber cómo ganar mucho dinero en poco tiempo o quisiera saber qué es lo que puedo comenzar a vender y que resulte buen negocio porque necesito capitalizarme ya"*. O de cómo hacerle para salir de deudas rápido.

Es muy común que la gente me diga cosas como esas y quiera aprender ciertas técnicas y leyes del dinero, pero te quiero decir una cosa; **de nada te sirve que aprendas todas las técnicas de enriquecimiento más poderosas del mundo, o de los expertos más reconocidos y exitosos sino tienes la MENTALIDAD correcta, si no *vibras* en sintonía con las leyes universales de la abundancia.**

Existen dos tipos de leyes: Las leyes HUMANAS y las leyes UNIVERSALES. Si tu no aceptas esto y no comienzas a vibrar en las leyes universales, por muchas leyes humanas y técnicas que tu aprendas, no te van a servir de nada. **Acércate a esas personas que logran comprender y ver que hay más allá de las leyes humanas.** Acércate a personas que vibren con las leyes de abundancia y que te enseñan éstas leyes universales de la abundancia.

Si tu aprendes y desarrollas esto en tu vida, si tu sanas tu deuda emocional, si tu aprendes que tus pensamientos son cosas y como tales, puedes aprender a manejarlas a tu antojo y con eso crear tu realidad; si tu aprendes a materializar tus deseos, a materializar tus pensamientos en cuestión de minutos, si tu aprendes eso, ahora si, las técnicas humanas que apliques te van a resultar al instante, pero antes no va a suceder.

Primero debe de haber un camino interno, una comprensión de las leyes universales y entonces, al aplicar las leyes humanas, te va a funcionar todo lo que estés emprendiendo con esas técnicas.

HACER DINERO NO SOLUCIONA TU POBREZA

Ha pasado muy constantemente que varias personas me digan que quisieran aprender a ganar mucho dinero en poco tiempo, que quisieran que les compartiera qué cosas pueden vender para que se vendan rápido, para capitalizarse rápido, y *N* cantidad de comentarios similares.

Esto me hace reflexionar sobre un tema; imagínate que te duele el estómago, tienes náuseas y lo que haces es tomarte una pastilla para quitar el malestar; ¿qué pasa si al mes te sucede lo mismo?, tienes náuseas y te sientes mal y otra vez te tomas la pastilla para quitar el malestar; lo que estás haciendo es atacar el síntoma.

El síntoma es la voz, el grito interno de tu cuerpo que te dice que algo está mal; pero es externo, no interno. Y muchas personas atacan el síntoma como si fuera la enfermedad, como si la enfermedad fueran las náuseas.

Si es recurrente, lo que tienes que hacer es un análisis interno, ir con un especialista que te diga si algo está mal y repararlo; si necesitas algún tratamiento especializado o alguna intervención quirúrgica; y si lo haces ya podrás erradicar esa enfermedad y el síntoma de náuseas jamás volverá.

Te explico con enfermedades, porque es sencillo de entender, pero ahora necesito lo entiendas con **la enfermedad llamada pobreza, esta tiene un síntoma que es la falta de dinero**; y la falta de dinero para cosas comunes, para divertirte, comer, pagar renta, pagar deudas, porque endeudarte también es otro síntoma de la pobreza.

Lo que tienes que hacer es atacar la enfermedad directamente, trabajar con tu sistema de creencias que te está generando más carencia y más pobreza en tu vida.

"La falta de dinero es sólo un síntoma, la pobreza mental es la enfermedad"

Trabaja con tus creencias, con el poder infinito de tu mente subconsciente. Si no trabajas con esto y sólo buscas técnicas, no vas a salir de pobre, sólo vas a vivir una apariencia y no importa si haces mucho dinero, de hecho **sólo con dominar la ley de atracción puedes atraer mucho dinero a tu vida**; pero eso no te va a dar prosperidad. Para tener prosperidad debes trabajar con las Leyes Universales de la abundancia.

PUEDES TENER LIBERTAD FINANCIERA SIN ABUNDANCIA, PERO NO AL REVÉS

Tú puedes tener libertad financiera sin vivir en abundancia, pero no puedes vivir en abundancia sin tener libertad financiera.

Libertad financiera es cuando tu negocio y tus ingresos residuales no dependen de ti y te dan para vivir; esto es que no debas trabajar y ocupar tu tiempo para tener ingresos y ganar lo suficiente para vivir como quieres. Eso lo obtienes aprendiendo técnicas de negocios aprendiendo, automatizando tus negocios, aprendiendo a generar ingresos residuales; aplicas esas técnicas y ¡*voilá*! tendrás éxito y libertad financiera.

Ahora, **si quieres vivir realmente en un estado de abundancia**, que tengas todos los aspectos de tu vida, no sólo el material, sino que tengas felicidad y prosperidad, no sólo económica, sino mental y espiritual, todo equilibrado y abundante, que tengas relaciones sociales y amorosas como nunca las habías tenido, que tengas experiencias de vida, que puedas disfrutar de un amanecer, ver la naturaleza, eso es vivir en abundancia y esto **sólo lo puedes lograr si entiendes los principios y leyes universales.**

Cuando puedes convivir en comunión con los demás seres humanos, cuando sabes que no debes juzgar, que no debes culpar, que no es bueno hablar de otras personas, que no es bueno justificarse, que simplemente vives en amor y en comunión entendiendo estas leyes universales y aplicándolas; esto es vivir en abundancia y cuando entiendes esto y vives en abundancia, la abundancia económica llega en automático.

Yo te invito a que vivas en un equilibrio entre desarrollar la abundancia física, la mental y la espiritual; que tengas un equilibrio y desarrollo constante en estos 3 cuerpos en los que estás constituido y que llegues al máximo en todos ellos.

NO TE CREAS TUS EXCUSAS

Quiero hacer referencia a algunos comentarios que recibí, donde explicaba la diferencia entre Libertad Financiera y Abundancia y también por qué aseguro que si dejas de trabajar en tu Libertad Financiera, la vas a perder, que **si dejas de trabajar en ti, en tu desarrollo personal y espiritual, vas a perder tu Libertad Financiera.**

Si yo te pregunto, por qué no has alcanzado tu libertad, te aseguro al intentar responder, te va a llegar la razón exacta por la cual no lo has hecho y lo más probable es que tu mente y tus creencias te den una justificación que tu misma mente ha generado.

Deja me explico, si yo te pregunto *"¿por qué no has alcanzado tu libertad financiera?"* y tú me dices, *"porque tengo muchas deudas"*, tu mente te ha lanzado la justificación, si es real que tienes deudas pero ¿es real que gracias a esas deudas no puedas alcanzar tu libertad financiera? ¡ALTO! Antes de que me digas que sí es real, déjame decirte que no, eso es una ilusión que tu mente te está haciendo creer para justificar sus creencias limitantes, tu mente te hace creer que por las deudas no puedes tener libertad financiera, te hace creer que porque tienes hijos pequeños no puedes emprender un negocio, que porque tienes una discapacidad física no puede ser independiente.

Y todas estas justificaciones, no es que sean falsas, o que no existan, claro que existen en tu realidad actual, claro que todas las semanas van y te cobran y dicen cosas feas o te hablan en la madrugada cobrando tu tarjeta de crédito, el punto es que tu mente te está haciendo creer a ti y a tu espíritu, que es es lo que te limita, pero no es cierto, **tu esencia y tu espíritu es más poderoso que cualquier cosa, tu alma y tu verdadero ser es más capaz de lo que tú te imaginas, lo único que tienes que hacer es conectar con esa divinidad que está dentro de ti, conectar con ese propósito que tú ya sabes que viniste a hacer por medio de tus dones, por medio de tu vocación, hacer aquello a lo que viniste al mundo, a** entregarte al mundo a cobrar a un precio justo aquello que sabes y lo que puedes hacer por los demás, entonces la abundancia comenzará a venir.

Entonces este mensaje es para decirte que puedes hacer todo lo que tú quieras, **tu eres lo suficientemente bueno para lograr lo que te propongas**, repite esto todos los días y ve por esa abundancia para la que ya estás preparado para recibir. No necesitas saber más técnicas, lo que necesitas primero es creer en ti y confiar en tus habilidades y en tu divinidad, y conectar con esa divinidad conectar con las emociones creativas, moverte en un equilibrio en los 4 niveles de la creación y con eso empezarás a atraer la abundancia con creer en ti eso es lo que tienes que hacer. Tú puedes y lo vas a lograr, sólo confía en ti y no le compres las excusas a tu cerebro.

LA LEY DE AHORRO

No confundas la ley de ahorro con la cuenta de retiro o con tu ahorro común o para compras grandes y vacaciones, es decir, no se trata sólo de ahorrar por ahorrar para tener el dinero, sino que tiene varios fines.

Te voy a decir cuál es el fin principal; de entrada tienes que definir una cantidad fija para ahorrarla, lo sugerido es que el mínimo sea el 10%; tú vas a ahorrar por cada 100 dólares que ganes, 10 dólares; y lo que vas a hacer es que ese 10% del dinero lo vas a meter a una cuenta o a guardar en el lugar que quieras (se sugiere en cuenta porque al menos en una cuenta de banco, con los intereses que se llegan a generar, se cubre un poco la inflación y que aunque está perdiendo valor tu dinero lo minimizamos con los pequeños intereses que da el banco.

Entonces lo que tienes que hacer es que cada que metas ese 10% a tu cuenta, tú vas a decir: *"estoy ahorrando por mi riqueza y abundancia"*, repite estas palabras y mantén en tu mente *"YO SOY ABUNDANCIA, YO SOY RIQUEZA"*, o repite cualquier mantra o afirmación que tú necesites, te funcione y te haga sentir poderoso porque vas a estar pagándote a ti primero. Ahorita no te preocupes para qué va a servir o qué vas a hacer con eso después, el objetivo es que desarrolles el hábito de pagarte a ti primero.

La función de esta cuenta no es que de la independencia financiera o la que te va a hacer millonario, al menos no por sí sola. Lo que va a suceder es que **en tu cerebro se va a activar un chip, a raíz de la constancia y disciplina y de que lo hagas realmente con la intención de trabajar en tu abundancia, ese chip que se va a activar en tu cerebro, va a conectar directamente con la fuente infinita de poder y lo que va a hacer es que va a mandar el mensaje por medio de tu inconsciente que dice "ah! este cuate está trabajando por su abundancia, riqueza y su felicidad financiera, ¡perfecto!, yo sé que sí lo quiere porque ya está ahorrando por su abundancia, entonces le voy a mandar más posibilidades de generar más abundancia y prosperidad en todos los ámbitos".** Y lo que va a suceder es que el Universo te va a mandar por medio de esta petición, los negocios, las personas, los socios y el dinero que estás buscando para darte prosperidad.

Obviamente **debes ser inteligente emocionalmente, una persona muy hábil para entender estos temas, y saber que la respuesta ya está llegando, estar abierto a recibirla y hacer buen uso de ello**; porque si te llega el dinero y la prosperidad económica y nuevamente lo malgastas, te endeudas o lo usas únicamente para fines caprichosos y cosas materiales pues no te va a servir de nada. **Tienes que usarlo para crear más abundancia**; y no sólo para ti, si no compartirla, porque es suficiente, es demasiado para ti solo y cuando empiezas a compartirlo te llega más abundancia.

Por eso es importante la ley del ahorro, por eso es importante que tengas esa cuenta de ahorro y que te repitas, "ESTOY TRABAJANDO POR MI ABUNDANCIA", "YO SOY ABUNDANCIA, YO SOY RIQUEZA", cuando tú haces eso en tu cerebro abres las puertas de la abundancia y no tardará en entrar.

TIENES LO QUE MERECES

Tú tienes aquello por lo que has trabajado, o dicho de otra manera que tal vez suena más fuerte, **TÚ SÓLO PUEDES ATRAER A TU VIDA LO QUE TE MERECES**. Y dicho de una manera más espiritual TU ATRAES A TU VIDA AQUELLO QUE PLANEASTE.

Sea cual sea la frase que te guste y lo que te haga *click*, lo que debes de entender es que todas las situaciones que te pasan, llámese alguna frustración, alguna desavenencia, accidente, emergencia o algún negocio, ganancia o relación de cualquier tipo, sobretodo inesperados, de esas que te sorprenden; cualquiera de estas situaciones, si es positiva pues estás bien, eres pura felicidad, comentas con algunos de tu buena suerte. Pero es más común que cuando te pasa algo negativo, lo hables con más fuerza y con ciertas emociones, de frustración, enojo, ira, rabia, desilusión, desencanto, tristeza e incluso de odio; y todas estas emociones destructivas justo lo que hacen es eso, ¡destruir!

Si a ti te pasa algo negativo desde tu perspectiva que no te "mereces" lo que sucede es que estás poniendo tu atención en eso y al reforzarlo con una emoción destructiva (ira, odio, frustración, desagrado o ingratitud) te creas más de lo mismo, recuerda que en donde pones tu atención ahí va tu energía y eso es lo que creas y lo que atraes a tu vida.

Entonces atraes más de eso que no te gusta y se vuelve un círculo vicioso, porque lo atraes más, te sientes más frustrado, y entonces atraes más y te frustras más; y lo que pasa en ese círculo vicioso, que más bien es un espiral, igual los círculos virtuosos son espirales, porque los espirales son ascendentes o descendentes y ese círculo viciosos es una espiral descendente que va empeorando cada vez, no sólo te quedas dando vueltas en círculos pensando y deseando lo peor, sino que empeora, y las emociones negativas concentradas se convierten en enfermedades, en tumores, en cáncer, en infartos, y vas a tener una muerte no muy agradable.

Lo que tienes que hacer en entender al mundo, entender que **lo que te está pasando te está pasando para algo, descubre para qué, trabaja en ello, supéralo y conviértete en una mejor persona**, y esa es la misión de todas las situaciones que te están pasando, convertirte en una mejor persona y entender qué debes de trabajar de ahí y convertirte en la mejor versión de ti mismo.

Espero que las emociones negativas desde tu perspectiva las conviertas en aprendizaje y en emociones positivas, en emociones creadoras y encuentres qué es aquello que te está molestando, aquello que te frustra de esa situación y lo trabajes para convertirlo en una virtud, sólo ello te acercará al camino de la abundancia.

CÓMO GENERO MENTALIDAD DE ABUNDANCIA

Aquí quiero hacer una diferencia muy sutil, pero que cuando ya estás muy entrado en el tema, es una diferencia muy grande entre abundancia o prosperidad y *adineramiento*. Son cosas muy diferentes y te voy explicar por qué.

En mi perspectiva, *la abundancia, así como se escucha, es ser abundante en todos los niveles de tu vida, llámese tus relaciones personales, tu profesión o vocación, tu cuerpo y tu salud física, tu salud o desarrollo mental y tu desarrollo intelectual y por supuesto tu desarrollo espiritual; tener plenitud en estos cinco niveles que te acabo de mencionar es lo que yo llamo ABUNDANCIA;* **si tú sientes esta plenitud en cada uno de esos factores, entonces puedes decir que tienes prosperidad, riqueza.**

Si tienes mucho o suficiente en cada de una de estas cinco dimensiones que te acabo de mencionar entonces podemos decir que eres una persona realmente rica; ahora, **si generas todas estas cosas de una manera automática, de una manera sin esfuerzo, ahí podemos decir que tienes abundancia.**

En resumen, la riqueza, prosperidad o abundancia (yo uso los 3 nombres para definir lo mismo), es que tengas mucho o suficiente en los cinco factores más importantes de tu vida: las relaciones, tu salud física, tu desarrollo espiritual, tu desarrollo mental y tu profesión o vocación, entendamos por este último concepto, el bienestar económico. Cuando tú tengas suficiente de cada rubro, ahí puedes decir que eres rico; pero si esto se genera de manera automática; si en tu mente, en tu vida, en tu configuración de vida atraes todo esto de manera automática entonces estamos hablando de que tú vives en abundancia y que estás programado para la abundancia.

Hay dos cosas principales que debes hacer:

1. **Identificar todo aquello que no te sirve.** Las relaciones que ya no te sirven, la alimentación, el descanso, el deporte, tu desarrollo espiritual y así en cada una de las cinco dimensiones que vimos.

2. **Hacer eso a un lado.** Hay técnicas de desapego que te conviene usar para eliminar lo que no te trae abundancia y prosperidad a tu vida.

Me han preguntado lo siguiente: *¿Cómo le hago para alejarme o que no me afecte la mentalidad de mis papás porque yo vivo muy influenciada por ellos?*; si ya identificaste que esa relación con tus padres te está deteniendo, **el segundo paso para fortalecer tu mentalidad de abundancia es poner una barrera entre tú y todo lo que te aleja de la abundancia, incluso tu familia.**

Y aquí por enlistar algunas cosas con las que te conviene poner distancia:

- Las *relaciones tóxicas, estas son todas las que te quitan energía,* que te hacen sacar lo peor de ti, que te hacen que generes pensamientos negativos en tus mente, todas esas personas que en vez de sumar a tu vida, restan; esas personas deben estar lejos de tu vida.

- Todas *las situaciones que te hacen vibrar en carencia;* por ejemplo, hablando de deudas escucho con frecuencia estas preguntas, *¿cómo le hago para salir de deudas?, ¿cómo le hago para ya no gastar más de lo que gano y propiciar más deuda en mi vida?,* bueno, es importante que dentro de este primer paso que te estoy diciendo, te alejes de todo aquello que te genera carencia; y la deuda es una de ellas. Porque **la persona que vive endeudada en sus finanzas está endeudada emocionalmente,** ya sea que sientes que te deben o tú le debes a alguien pero estás endeudado emocionalmente, tú siempre estarás endeudado en tu vida. Te estoy diciendo, aléjate de las cosas que te atraen carencia; debe sanar esa deuda emocional y financiera; **si no pagas a quien le debes y si no recibes te quien te debe, entonces vas a continuar**

endeudado y atrayendo más escasez, más carencia. Forma técnicas para liberar este pago, porque esa deuda no se va a saldar solamente pagando con dinero, ¡no siempre! puedes hacerlo con una técnica o proceso que sea mental, donde puedas saldar esa deuda definitivamente para poder alejarte de esa situación.

- Ahora pon atención a esto que es muy importante, por qué a veces lo tomamos tan normal y cotidiano pero es totalmente alejado de la abundancia y este es el tema de *la piratería*; es muy fácil que te metas a YouTube y veas películas completas que acaban de salir en el cine pero si tú empiezas a generar este tipo de situaciones en tu vida por ejemplo, alguien pagó el cable y tú te conectas sin estarlo pagando, alguien pagó la luz y te conectas sin estar pagando, o te encontraste un teléfono celular y no hiciste nada por buscar a su dueño, todo *esto aparte de que te genera otra deuda emocional, también te está alejando de la abundancia*. Porque lo que sucede en tu mente cuando no pagas por algo que sabes que no es gratuito, en tu mente estás reforzando la idea de que tú no vales, de que tú no tienes dinero y por ende nunca vas a tenerlo. **Si en tu mente afirmaste, "no tengo dinero" entonces el Universo, tu mente inconsciente y las programaciones que tienes en tu mente te van a mandar más de lo mismo; si dices "no tengo dinero" se van a reforzar todas las situaciones a tu alrededor para que sigas con esa afirmación, para que sigas diciendo "no tengo dinero"**. El tema de la piratería es otra de las situaciones que te alejan totalmente de la abundancia, *si tu propicias el consumir algo que sea de costo por lo cual no pagaste y aun así lo consumes, estás generando deuda emocional y generando más carencia en tu vida.*

QUÉ ES LA DEUDA EMOCIONAL

Todo lo que es deuda, incluso el SENTIR que estás endeudado, ya sea que sientes que le debes a alguien o que alguien te debe a ti, generas emocional y financiera; y eso te paraliza y no te deja avanzar.

Por si tienes dudas, te voy a aclarar una cosa, muchas personas me preguntan que si no es válido tener deuda buena. Veamos, *deuda buena, para los que no conozcan este término, se supone que es cuando algo, llámese un negocio, paga por este esta deuda.* La deuda buena es válida si hiciste un buen plan de negocio, si te está funcionando lo que quisiste iniciar en primera instancia; pero si te va a hacer *sentir* que estás endeudado, que le debes a alguien entonces está generando deuda emocional y pierde la parte positiva.

Pero si estás sintiendo que estás pagando demás, que es un aprovechado aquel que te prestó, ya estás generando deuda emocional y estás atrayendo carencia tu vida; y cuanto antes te sugiero que salgas de esa deuda, pagues, regreses el dinero y vuelvas empezar.

El tema con la deuda es todo un capítulo, no es tan simple pero voy a tratar de que quede claro, visualízate tú en estos dos escenarios que te voy a poner:

Primer escenario, consigues un préstamo, echas andar un negocio, empiezas a pagar poco a poco, tú a lo mejor por mala administración tienes que tomar dinero para ti porque ya no tenías otro ingreso, porque "quemaste todas tus naves" para este proyecto; a los seis meses el negocio se cae, cae en ventas, el negocio ya no fructifica, y la deuda sigue avanzando, los gastos fijos siguen, decides parar los gastos fijos, que esto significa cerrar operaciones, cerrar tu local o lo que sea que hayas iniciado pero tu deuda va a seguir ahí; ahora estás endeudado y sin ingreso. ¿Qué pasó en esta situación? *creaste un gasto fijo antes de crear un ingreso fijo.*

En el otro escenario, inicias operaciones, generas ventas, comienzas a percibir dinero; con el dinero que percibes y una buena administración te pagas tu sueldo, un sueldo no muy generoso para no quebrar a tu negocio pero suficiente para pagar tus gastos básicos de vida, quizás al inicio tienes que bajar tus expectativas de estilo de vida pero todo con afán de hacer crecer tu negocio, y lo aceptas como tal. Luego tu negocio sigue prosperando porque no estás tomando dinero de más, no estás en números rojos ni endeudado y ahora sí, poco a poco o mucho a mucho, empiezas a juntar el excedente de tu negocio y con ese excedente puedes hacer más inversiones para crecer tu mismo negocio; tal vez pagas una renta y pones un escritorio y luego contratas a otra persona, pero *siempre estás con números positivos y sin deuda.*

Este segundo panorama es mejor para hacer que tu negocio crezca de una manera natural y orgánica; pero como no estamos acostumbrados a trabajar de esta manera, haciendo crecer nuestro negocio primero, entonces lo que sucede es que quieres "comerte al mundo en tres bocados" y por eso vas por un gran préstamo, un gran local, un proyecto muy grande, una inversión muy grande, pero tu plan de negocio no respalda y tu plan de acción ni siquiera lo tienes claro, no tienes idea de que tienes que hacer, no sabes hacer publicidad, no sabes en qué es lo primero que debes de invertir para tener dinero, no sabes que **lo mejor para tu negocio es comenzar a vender para generar utilidad.**

Entonces para cerrar este tema te digo, *aléjate de dudas, aléjate de las relaciones tóxicas que generan carencia, y eso incluye a tu familia, eso incluye a tus mejores amigos y tal vez a tu pareja,* entonces pon cuidado con esto, **sé sumamente inteligente emocionalmente**; y debes de tener en tu caja de recursos, buenas habilidades interpersonales para que no lastimes a las personas para cuando sea el momento de alejarte de ellas. Aléjate de personas tóxicas y de situaciones que te pongan en carencia.

GASTAR O AHORRAR

"Tal vez tengo un gusto o un capricho que me quiero comprar, y lo que quiero pagar cuesta arriba de $100 USD pero no sé si hacer el gasto y consentirme o ahorrar ese dinero para invertirlo más adelante."

Bueno una situación de carencia en este ejemplo, es precisamente poner la letra "O" cuando tienes dos cosas buenas y dices *esto O aquello.* Si lo haces así, estás poniéndote en una situación de carencia, pon mucho cuidado cuando vayas a hablar, cuida tus pensamientos porque si reafirmas constantemente situaciones de carencia, nunca se va a ir esa frecuencia de tu vida y por ende nunca va a llegar la abundancia. **Entonces no pongas una O entre dos cosas buenas, si quieres cumplirte un capricho, perfecto y si quieres ahorrar perfecto... yo te digo pon una "Y" entre dos cosas buenas y así te pondrás creativo y pondrás a tu cerebro a trabajar.** Sólo pregúntale, ¿cómo puedo tener un capricho y ahorrar para invertir?

No se trata de encapricharte y ya, no nada más se trata de decir "yo quiero esto y esto" nada más porque si "yo quiero, un carro, una casa, las vacaciones de lujo, nada más porque sí", **no nada más porque puedes pagarlo tienes que hacerlo**; te voy a decir una gran verdad, *la diferencia entre una persona abundante y una persona adinerada radica en saber discernir si necesitas de algo, llámese material, para definirte o si no lo necesitas*.

Tú puedes comprarte unos lentes de $500 USD, puedes comprarte una bolsa de $1,000 USD, o puedes comprarte tal vez un traje de $2,000, puedes hacerlo, ¡claro!, ¿vale la pena que lo hagas? ¡Claro que vale la pena!, pero debes de saber que tu sabiduría de abundancia va a llegar cuando tengas el dinero para comprar cinco bolsas *Michael Kors* y cinco trajes *Hugo Boss* de contado, sin endeudarte, y que no afecte en tu economía; y que tengas la claridad mental de sí lo voy hacer o no lo voy hacer, no basado en el dinero, sino basado en si lo necesitas o no. Si lo vas a hacer por ego, estás en un estado de carencia, si lo haces porque de verdad te gusta, lo quieres, incluso lo necesitas (puede que lo necesites o puede que no), tal vez te hacen falta un traje nuevo, una bolsa negra porque la que tenías esta vieja, se vale que vayas y lo compres, te gastes 1,000 o 5,000 USD en un capricho, se vale, obviamente con la mentalidad adecuada, con la mentalidad de que ese dinero no te pesa, no te vas endeudar, no estás gastándote el dinero que era para otra cosa, de que vas a producir más y estás generando más, con la mentalidad de que ese dinero que vas a pagar está generando empleos a quien te atiende, está dando ingresos para el empresario que fabricó ese producto que vas a comprar y con esos ingresos ese empresario quizá haga obras de caridad, tal vez con esos ingresos fue y pagó la educación de alguien que le salvó la vida, pagó a alguien y le recuperó su vista; *si tú te pones a pensar más allá de lo que estás pagando y creas en tu vida una situación de abundancia al pagar cualquier cosa, si este gasto o inversión la haces con la mentalidad correcta, si piensas "te lo doy con todo mi amor y toda mi abundancia para que generar más abundancia en tu vida", estás generando la energía adecuada para generar más abundancia a tu alrededor.*

LA DIFERENCIA ENTRE POBRES Y RICOS

Es importante que entiendas que debes de crear situaciones en tu vida para que se automaticen estos ingresos y ese estilo de vida como tú lo quieres. *No es lo mismo crear situaciones en tu vida de abundancia forzadas que de manera automática,* si empiezas por relajar tu mente, tu espíritu, aprendes a meditar, a estar contigo, a estar presente; si tú entiendes esto y vives cada momento, va a ser mucho más fácil que gestiones de manera más eficaz, abundante e inteligentemente tus recursos, entre ellos tiempo y dinero.

El dinero que no usaste para gastos y el tiempo que no usaste para tus actividades normales del día, ¿cómo lo inviertes? en situaciones de carencia o de abundancia, la gran mayoría invierte situaciones de carencias que genera más carencia.

Si tú entiendes que esto es importante para generar más abundancia en tu vida, y entiendes que requieres alejarte de situaciones de carencia y crear más abundancia en tu vida, cuando entiendas de verdad *y veas la importancia de cada momento de tu vida y cada dólar en tu vida y el poder creativo o destructivo que tienen, en ese momento te va a dejar de preocupar cómo administrarlos y simplemente van a fluir libremente a tu vida.*

Yo te puedo decir por ejemplo que tengo muy programados mis tiempos, es raro que yo tome una llamada sin ser programada, hacer o recibir una visita sin programarla; es difícil que yo lo haga porque tengo mis tiempos bien determinados, la gente piensa que yo estoy muy ocupado, y sí, pero eso no significa que estoy siempre trabajando; **estar ocupado significa saber qué hacer con tu tiempo** y eso es muy diferente, yo sé qué hacer con mi tiempo.

Te voy a dar una descripción breve, yo trabajo de lunes a viernes, a veces de lunes a jueves, en la mañana cuatro horas es el promedio que trabajo todos los días, yo como casi siempre en mi casa, con mi familia; después de la hora de comida divido mi tarde en cuatro cosas; una es trabajo, un día la semana vuelvo a la oficina para trabajar, otro día dedico la tarde a mi esposa, otro día en la tarde me dedico exclusivamente a mis hijas, otro día me dedico a mí, algún hobby algo de trabajo o estudiar algo y otra tarde es el día de familia todos juntos; y una vez al mes estoy con una de mis hijas y mi esposa con otra, otro día del mes cambiamos y así nos la pasamos; otra vez al mes también procuramos tener alguna cena o convivio con amigos para fomentar la socialización y los fines de semana solemos hacer pequeños sueños, algún viaje de fin de semana o algo cercano, procuramos conocer ciudades, pueblos nuevos, restaurantes nuevos al menos una vez al mes y siempre buscamos la forma de variar lo que hacemos; a veces yo tengo entrenamientos entonces el fin de semana cuando me toque entrenamiento lo ocupo para esa hacer eso que me apasiona, conocer más gente, compartir con más personas pero en la semana recupero el tiempo que no pase con mi familia y mis lunes y martes son mis nuevos fines de semana.

Esa es la forma en que yo administro mi tiempo, si te fijas doy mucha prioridad a mi familia y a mi persona; y no te comenté, pero antes de iniciar mi trabajo, leo, hago deporte o medito; hago algo que implique estar conmigo, tiempo para estar con mis niñas y prepararlas para estar listas a la escuela, me turno con mi esposa para llevarlas un día ella, un día yo. ¿Si te hace sentido lo que digo? hay mucha prioridad a la familia, el tiempo para generar dinero es otra cosa y en el trabajo me dedico a una o dos cosas realmente importantes a la vez, si tengo algún otro pendiente lo delego o lo elimino de mi lista de pendientes. No contesto todos mis *WhatsApp* en cuanto llegan, sólo en el momento en que estoy disponible para eso, no tomo llamadas si no tengo programada; *yo entiendo que mi tiempo es mío yo soy dueño de mi tiempo y no voy a permitir que otro llegue y tome mi tiempo.*

En este tema de abundancia debes entender que tus recursos, de los que estamos hablando **son recursos creadores o limitadores, así que administra los de una manera que te enriquezca, no que te empobrezca.**

CONCLUSIONES

Hay cientos de conceptos e ideas que todavía rondan mi cabeza y quisiera compartirte pero, antes de saturarte y entrar en temas más profundos, quiero dejarte con el resumen, a mi parecer, de este libro.

Ante la pregunta, ¿<u>Cómo genero abundancia en mi vida</u>?, la respuesta más simple es:

1. Aléjate de situaciones de carencia y

2. Crea un contexto de abundancia en tu vida.

Estuve hablando de cómo alejarte de situaciones de carencia, te hablé de la piratería, de las deudas, de la gente tóxica y de la forma correcta de hacer un gasto o de ayudar así como de la emoción correcta que debes tener al hacerlo si quieres atraer abundancia.

Lo único que me resta decir es que todo lo relacionado a la abundancia no tiene nada que ver con las leyes del dinero que inventaron los hombres. La raza humana ha tenido destellos de luz gracias a mensajeros y maestros que han estado en la Tierra y con su sabiduría divina estamos entendiendo el verdadero propósito de nuestra existencia.

Afortunadamente, cada vez es más claro para muchos de nosotros la forma "correcta" de obrar si queremos vivir en prosperidad... y esta no tiene nada que ver con trabajar para incrementar los ingresos y las utilidades, sino con trabajar toda la vida en experimentar la mejor versión de nosotros mismos.

Así pues querido lector y querida lectora, me despido por ahora deseándote ABUNDANCIA y ÉXITO TOTAL desde hoy y para siempre.

Hasta el próximo libro.

APRENDE LAS REGLAS PARA DOMINAR EL JUEGO DEL DINERO DE UNA VEZ POR TODAS POR SOLO $247 USD.

Decidí "regalar" este entrenamiento por tiempo limitado.

Es uno de los mejores entrenamientos que he diseñado. Lo que vas a aprender en este entrenamiento virtual puede ser más útil y práctico que cualquier curso de negocios o finanzas que hayas tomado antes.

¡Te lo Garantizo!

"Tenía aproximadamente 8 años leyendo… compré un juego de mesa… pero no encontraba una manera de generar dinero rápido o como yo quisiera, si no trabajando más de 8 o 10 horas de Lunes a Viernes…en el curso logre generar 700 dólares en media hora y con eso ya se pagó el curso y sigo generando…"

- Vianey Madero, emprendedora.

Sólo entra ahora mismo y aprovecha mientras aún se encuentra disponible:

www.uiniccervantes.com/bono-presencial

Tu amigo, Uinic Cervantes

MI FAMOSO COACHING "DE EMPRENDEDOR A EMPRESARIO" POR SOLO 7 pagos de ~~$197~~ $97 USD mensuales.

Todo lo que hablo en mis *Whatsappazos Millonarios* está empaquetado en este coaching online de resultados que tendrás a este costo por tiempo limitado.

¡Si no te sirve te regreso tu dinero!

"Las técnicas que me has dado me han ayudado para darme cuenta en qué estoy fallando... es duro pero al menos ya sé que yo soy el responsable de lo que me pasa... tu coaching me ha ayudado mucho." - **César Córdova, emprendedor.**

Entra ya y aprovecha tu precio especial:

http://bit.ly/Entrenamiento_Elite

NOTA: Al inscribirte toma foto y mándala al *Whatsappazo Millonario*

Tu amigo, Uinic Cervantes

www.ingramcontent.com/pod-product-compliance
Lightning Source LLC
Chambersburg PA
CBHW070404190526
45169CB00003B/1098